AF216563

Taverna Lentas

Paroles à l'heure de la fin

Andreas Müller

Impressum

Bibliografische Information der Deutschen Nationalbibliothek: Die Deutsche Nationalbibliothek verzeichnet diese Publikation in der Deutschen Nationalbibliografie; detaillierte bibliografische Daten sind im Internet über www.dnb.de abrufbar.

Traduction: Suzanne

Herstellung und Verlag:

BoD – Books on Demand, Norderstedt

ISBN: 9783748103301

Les mots sont aujourd'hui étonnamment directs. Les écrits du passé ont été transformés en mythes ou en théologie. Le vrai message est difficile à trouver. Aujourd'hui, on dit seulement : « C'est « cela ». Il n'y a personne. La spiritualité est une illusion ». C'est tellement simple.

~

Tout ce que je dis est vide.
Vous ne pouvez rien en tirer.

Il n'y a pas de « moi », pas d'âme,
pas de présence, pas de conscience de soi.

~

Il n'y a pas d'expérience maintenant, et il n'y en aura
jamais aucune. Depuis la perspective apparente de
l'apparent moi, la libération est supposée être une
expérience continue de savoir et de ressenti conscients
de la perfection de tout. Cette expérience continue
n'existe pas.

~

La libération n'est pas l'éveil d'un état en un autre.
C'est la fin de l'illusion que la conscience de soi existe.

Rien n'est présent au départ. L'expérience d'être quelque chose qui est présent - ici et maintenant – est une illusion. Cela ne veut pas dire qu'au lieu d'une personne il y a l'illusion d'une personne ; il n'y a simplement rien de tel au départ.

~

Il n'y a ni juste, ni faux.

~

Tous les efforts pour devenir un ne peuvent qu'échouer, simplement parce qu'il n'y a rien de séparé. En ce sens, la recherche est la tentative de trouver une réponse à un problème qui, en fait, n'existe même pas. Il n'y a ni une personne, ni une vraie recherche. Il n'y a donc évidement pas de réponse.

On ne peut faire aucun pas vers cela, pas plus qu'un pas pour s'en éloigner.

~

Toute expérience de complétude que vous créez fait partie du rêve. Toute expérience est illusoire. « Ce qui est » est déjà naturellement complet, peu importe à quoi ça ressemble, ou ce qui est ressenti.

~

Pas d'entrée, pas de sortie.
Pas de mouvement ni d'immobilité.

Le bien-être est la réalité naturelle. Tout est totalement
et absolument bien en étant ce que c'est.

~

Il n'y a rien à savoir, tout simplement parce qu'il n'y a
pas de réalité qui peut être connue. Il n'y a rien que
vous puissiez obtenir.

~

Le miracle est que « ce qui est » est naturellement
entier et complet. Tous les problèmes sont des
problèmes imaginés.

L'unicité est magnifiquement ignorante, tout simplement parce qu'il n'y a rien d'autre.

~

Il n'y a pas de « moi ». Il n'y a donc pas non plus de rêve de « moi ». La supposition qu'il y a un rêve qui pourrait cesser fait déjà partie du rêve. Il n'y a pas plus d'illusion que de rêve dont s'éveiller.

~

« Ce qui est » n'est pas une illusion – c'est l'expérience de cela qui est une illusion.

Il n'y a pas de personne libérée, pas plus que de personne asservie.

~

Ce qui vit dans la présence veut annihiler sa propre présence pour être présent à sa propre absence.

~

Il n'y a pas d'illusion. Croire qu'il y a une illusion fait déjà partie de l'(apparente) illusion. Il n'y en a pas. Il n'y a rien à surmonter ni rien à perdre.

Il n'y a pas de création. Il ne se passe rien de réel dans le temps et l'espace. Rien ne devient jamais quelque chose. C'est aussi simple que ça.

~

Toute cette idée qu'il y a une illusion fait partie de l'(apparente) illusion. En fait, comme il n'y a pas de « moi », cela signifie qu'il n'y a pas d'illusion. Vous n'avez pas à vous éveiller de quelque chose, ou à écarter lentement les voiles de l'illusion.

~

Quoi que vous ressentiez, quoi que vous fassiez, quoi que vous pensiez – c'est ce qui apparemment arrive. Personne ne fait cela, personne ne l'observe, personne ne le contrôle. Il n'y a personne.

La sensation d'être quelqu'un est automatiquement
accompagnée par un sentiment d'inaccomplissement
et le plus souvent par de l'agitation.

~

La soudaine survenue de l'expérience d'être présent est
l'apparente naissance du « moi ». Soudainement, voilà
le premier petit quelque chose de subtil. Et
automatiquement, il faut qu'il y ait quelque chose
autour de ça. Donc si vous avez un, vous avez deux. Et
quand il y a deux, il y a aussi quelque chose qui les
divise ou les relie – une frontière, un pont. C'est le
processus de la vie dans la conscience et l'attention. Du
coup vous avez trois : le percevant, la perception et le
perçu. Et de là vient toute (l'illusion) du monde.
Apparemment.

Il n'y a pas de réelles prises de conscience, pas plus qu'il n'y a de réels partenaires de vie ni de réels gourous.

~

Vous attendez quelque chose de réel, et quelque chose de réellement épanouissant. « Peut être que la prochaine prise de conscience sera vraie, et la recherche sera finie. Peut être que le prochain partenaire sera réel et sera le bon. Peut être que le prochain gourou sera réel et m'aidera à atteindre ce réel évènement appelé libération ». Oubliez ça !

~

L'expérience de la personne consiste seulement en « ce n'est pas encore complètement évident » ou « je n'y suis pas encore complètement ».

La supposition est qu'un jour, vous arriverez quelque part. Mais ce ne sera jamais le cas. Il n'y a ni « vous », ni une réalité dont vous pouvez faire l'expérience. Il n'y a pas d'événement à venir. En ce sens, c'est merveilleusement sans espoir.

~

La douleur, tout comme ma réaction à la douleur, est ce qui se passe apparemment. C'est simplement qu'il n'y a personne ici en train de vivre l'illusion d'en faire quoi que ce soit.

~

L'hypothèse que vous êtes en train de vivre en ce moment même : voilà le rêve.

Ce « je suis » est l'illusion, mais comme il n'y a pas de vrai « je suis », il n'y a pas d'illusion non plus.

~

Toute cette expérience qu'il y a là quelque chose qui existe vient de l'expérience personnelle. C'est l'expérience de « je suis » qui est quelque chose qui existe et a été créé. Le rêve est exactement cela : qu'il y a quelque chose qui est né.

~

Toute cette construction de l'expérience n'existe pas. Le premier élément de celle-ci –« vous » - cherchant dans le second élément – ce dont vous faites l'expérience – est une réalité rêvée. Et tous les résultats de cette recherche font également partie de cette réalité rêvée.

Où que le chercheur croie aller, il y a toujours la supposition que cela arrive pour une certaine raison.

~

L'illusion qu'il y a quelque chose qui rapproche de la complétude est l'inconvénient. Vous pouvez penser que c'est un avantage de sortir de cette apparente illusion. Pourtant, rien n'est mieux ni pire que quoi que ce soit. Il n'y a ni réel avantage, ni réel inconvénient en quoi que ce soit.

~

L'expérience de « pure présence » est juste une autre expérience insatisfaisante qui est transitoire. Et c'est naturellement de là que part la recherche.

Chercher à arrêter quelque chose est comme chercher à trouver quelque chose. Attendre une fin est comme attendre un nouveau commencement. Rien ne commencera, rien ne finira.

~

En quittant l'histoire pour un moment, vous aurez facilement une expérience de relâchement. C'est comme une pause dans votre vie, dans votre histoire. Mais tôt ou tard vous reviendrez à votre histoire. Et ce n'est pas une erreur ! Tout ça est fondé sur l'hypothèse que les pensées et les histoires sont réelles, et sont donc un réel problème. Cela vient d'un point de vue personnel : « je » suppose être quelque chose, suppose que les pensées et les sensations sont quelque chose, et veut trouver au milieu de tout ce qui arrive une expérience de liberté.

Toutes les tentatives pour vous rapprocher de cela font
partie du rêve. Il n'y a pas de « vous » séparé.
Comment pourrait-il être possible de vous rapprocher
quand il n'y a déjà au départ personne de séparé ?

~

Si vous ajoutez à l'expérience du temps l'expérience de
la présence, vous arrivez à des choses comme
« éternité » ou « toujours maintenant ». Ce sont là des
convictions qui viennent de l'expérience personnelle.

~

L'illusion qu'il y a là un avantage est en fait
l'inconvénient.

Quand il y a une personne, il y a l'illusion de quelque chose qui se réveille le matin. Mais rien ne se réveille. C'est un rêve.

~

L'impression d'être séparé est une illusion. Toute cette histoire d'être séparé, d'avoir une existence autonome qui peut s'arrêter, fait partie du rêve.

~

Le moi apparent attend quelque chose – une arrivée, l'expérience de quelque chose touchant à sa fin. Il suppose que la libération est avoir conscience du fait que quelque chose s'est terminé. Ce sont tous des trucs du « moi ». Il n'y aura jamais l'expérience d'une fin.

Il n'y a pas de vraie personne vivant dans un vrai monde devant trouver une vraie plénitude. Tout cela est le rêve.

~

Et la prison et la libération font partie du rêve – le rêve d'être quelque chose de séparé qui est présent.

~

Qu'est ce que la libération ?
La mort du « moi ».
Et une histoire.

La libération est la fin de la réalité artificielle, qui n'est pas remplacée par une autre réalité.

~

La libération est la fin de l'illusion qu'il y ait jamais eu quelqu'un sur une voie, qui avance de plus en plus loin. Ce truc de « moi et ma voie» n'a aucune réalité.

~

Il n'y a pas d'expérience dans le sommeil profond. La libération, c'est quand il n'y a pas d'expérience dans l'état de veille non plus.

La libération, ce n'est pas vous en train de découvrir qu'il n'y a pas d'avantage. Ce n'est pas vous découvrant qu'il n'y a pas de « vous ». La libération, c'est l'effondrement complet de « vous ».

~

Il n'y a pas de réalisation additionnelle à ce qui se passe en apparence. Il n'y a pas de prise de conscience additionnelle, ou de conscience, ou d'arrivée.

~

La libération n'est pas la vision de quelque chose. La libération, ce n'est pas quitter l'état « je suis » pour un autre état appelé « pas de moi ». La libération, ce n'est pas la conscience d'un autre état. « Etre conscient de quelque chose » est illusoire – il n'y a ni conscience, ni quelque chose dont être conscient.

C'est l'arrogance de la conscience de soi que de se rehausser elle-même et se donner de l'importance. Mais en fait personne ne s'en préoccupe. La conscience de soi n'a aucune importance, hormis dans sa propre existence artificielle. Il vaut donc mieux parler d'une « illusion d'importance ».

~

Vous voulez simplement être ici ? Vous n'y arriverez jamais vraiment. Cela demande un effort permanent de rester dans cet état artificiel de présence. La libération est sans effort. Il ne reste personne pour faire ou ne pas faire quelque chose.

La libération, c'est la fin de la recherche du fait de la mort apparente du chercheur. Dans cette mort, rien n'a été trouvé, rien n'a été réalisé, rien n'est devenu conscient.

~

La libération n'a rien à voir avec approcher de ou venir plus près de. Il n'y a pas d'approche, comme il n'y a pas de devenir. Il n'y a pas de « moi » sur quelque chemin que ce soit.

~

Le moi apparent a toutes ces idéaux de buts élevés, de saintes aspirations et de rêves d'états de félicité et de grandeur. Et puis, brusquement, tout ce qui reste est cela. Tout ce qui reste, c'est être assis dans une pièce, être vous, être moi, ces pensées, ces sensations.

La libération, c'est la mort illusoire
d'une présence illusoire.

~

La libération, c'est la mort. Ce n'est pas quelque chose
qui arrive à quelqu'un. C'est la mort soudaine et
définitive de l'illusion d'être quelqu'un.

~

Le « moi » dit constamment : « Pas ça.
L'accomplissement, ça doit ressembler à autre chose ».
Et ainsi, il essaie de changer, de se développer, de
trouver, ne remarquant pas qu'il rejette constamment
« ce qui est ». Dans la libération, toute cette agitation se
termine. Dans la libération, même les plus solides
« pas ça » se retrouvent être « ça ».

Il n'y a de réponse à rien.

~

Vous pouvez l'appeler éveil parce que c'est comme la fin d'un rêve. L'expérience d'être quelqu'un qui a une vie n'est rien de plus qu'une réalité rêvée. La fin de ce rêve est donc comme se réveiller. Mais en fin de compte, il n'y a pas plus quelqu'un qui se réveille qu'il n'y avait quelqu'un d'endormi au départ.

~

La libération est une illusion.
Il n'y a rien de tel.

Il n'y a pas de « moi » endormi qui devrait se réveiller.
Il y a tant de cours, de séminaires, de conférences, de
livres et de concepts, qui ne font que promouvoir
l'idée qu'il y a une personne qui peut devenir quelque
chose.
Quelle blague.

~

La libération est la mort de l'expérience de présence,
avec cette évidence qu'il n'y a jamais eu rien de tel. Vu
depuis la perspective du « moi », c'est comme passer
de la présence à l'absence, ce qui n'est rien d'autre que
la mort.

~

La libération, c'est quand la vie vous laisse aller.

Parfois, quand vous êtes préoccupé par un problème et que survient le lâcher prise, vous pensez avoir créé cette merveilleuse expérience de relâchement. Subtilement, vous faites l'erreur de prendre la libération pour une expérience encore plus totale de lâcher prise. Comme si tous vos petits lâcher prise réussis vous menaient vers un lâcher prise final plus important. Tout ça, c'est juste tourbillonner dans le monde rêvé de la personne.

~

Ce n'est ni une prise de conscience, ni un savoir. C'est la fusion de la réalité sujet – objet, ou plutôt la fusion de la trinité de celui qui fait l'expérience, ce qui est objet d'expérience et le processus de l'expérience, en pas de chose : en inconnaissance.

La réalité naturelle est innocence.

~

Je parle de la libération comme d'une mort. Ce n'est pas la vision de quelque chose. Ce n'est pas se développer jusqu'à devenir quelque chose. Ce n'est pas devenir ou être conscient de quelque chose. C'est juste la mort soudaine de l'expérience illusoire d'être ce qui fait l'expérience de la présence. C'est mourir sans raison, sans rien avoir atteint et sans avoir obtenu la moindre réponse. La libération est la fin de cette présence, pour aucune raison.

Dans la mort rien ne se passe. Dans la mort, rien ne meurt. Rien ne change. Rien ne devient autre chose. C'est juste « cela » - pour personne. Il n'y a rien à y trouver, pas d'arrivée, pas de réalisation, pas de mort, pas l'expérience de quelque chose qui arrive à sa fin. Toute l'expérience de présence - moi et ma vie – se révèle illusoire. Elle n'a jamais existé.

~

La libération, c'est la mort du chercheur, sans avoir rien trouvé. La libération n'est pas la fin d'une carrière réussie de chercheur. C'est la fin du chercheur, pour aucune raison.

~

Qui pourrait se reposer, ou demeurer en quoi que ce soit, s'il n'est personne pour le faire ? Personne n'a à faire ou être quelque chose. Tout est déjà complet.

Vu par le « moi », toujours à la recherche d'un avantage, ce message est absolument inutile.

~

Tout ce truc de « se reconnaître ou se connaître soi-même » existe au sein d'une construction personnelle.
Tout prend place dans une expérience de présence.
Tout ce que « moi » connaît est présence. Tout ce que « moi » connaît est « moi », donc par l'investigation de soi, tout ce qu'il peut faire est de découvrir que tout ce qui est, est conscience, ce qui ne veut rien dire d'autre que « tout ce qui est, c'est moi ».

~

C'est déjà complet et libre ;
Cependant, pour personne.
Personne ne voit cela.
Personne ne repose en cela.
C'est juste « ce qui est ».

Il n'y a personne à sauver.
Tout ce truc de « je suis dans la souffrance et je dois en
sortir » est une illusion.

~

Il n'y a aucune distance entre présence et absence,
puisque cette expérience de présence est déjà illusoire.
Il ne se passera rien. Il ne se passe déjà rien.

~

« Moi » ne peut pas entendre les mots, parce qu'il y
cherche quelque chose. Il ne peut entendre la mélodie
en lui cherchant un sens.

Je n'essaie pas de vous montrer qu'il n'y a personne.
Comment pourrais-je le faire puisqu'en fait, il n'y a
personne ?!

~

Si être assis devant des gourous est ce qui se passe,
c'est ce qui se passe.
Si ce jeu s'arrête, c'est ce qui se passe.
C'est toujours « cela » ; mais s'il y a quelqu'un,
ce point est négligé.

~

Ce n'est pas qu'il y ait vraiment quelque chose à voir. Il
n'y a pas de vraie réalité qui puisse être vue ou
découverte. « Ce qui est » est aveuglément soi-même.
Il n'a aucune idée de ce qu'il est, ni même s'il est
seulement.

Quitter les pensées n'a rien à voir avec la libération.
Qui est celui qui quitte les pensées ? Qui pense que
c'est une meilleure expérience d'être sans pensées
plutôt qu'avec ? C'est le « moi », bien sûr, qui cherche
quelque chose.

~

L'idée que vous pouvez devenir quelque chose de
mieux ou perdre quelque chose de mauvais fait partie
d'une illusion : l'illusion d'être « moi ».

~

Travailler à se débarrasser de l'illusion fait partie de
l'illusion.

Je ne transmets aucun savoir issu de vieux écrits, et pourtant, tout cela a déjà été dit il y a longtemps. Je n'y ajoute rien de neuf. Il n'y aura jamais rien de neuf.

~

Toute cette construction d'être une personne, avec toutes ces apparentes conséquences, n'est rien d'autre qu'illusion. Démêler l'illusion en tant qu'illusion semble être une vraie joie. Il n'y a rien à trouver. Il n'y a personne qui soit séparé. C'est une bonne nouvelle.

~

L'idée qu'il y a encore quelque chose qui doit se produire fait partie du rêve. Et toute la spiritualité se construit afin que quelque chose se produise.

Je ne fais pas référence à quelque chose qui doit encore être réalisé et mis en place dans l'existence. Ce à quoi je fais référence est déjà en train de se passer.

~

Cela ne vaut rien. Ce n'est pas quelque chose que vous possédez et pouvez utiliser. C'est simplement ce que vous êtes.

~

Vous ne pouvez trouver l'accomplissement. Le moi apparent croit que la libération, c'est remplacer l'expérience d'incomplétude et de recherche par une expérience de complétude et de découverte de ce qui est cherché.

Vous êtes cela, mais sans avoir l'expérience de l'être.

~

La conscience et tous ces états qui semblent arriver au sein de la conscience ne sont pas réels. Il n'y a pas de conscience séparée, consciente d'un événement séparé. L'apparent effondrement de cette construction ne laisse rien derrière lui, à part un apparent vide . Le vide plein pour personne.

~

Il n'y a personne.

Une grande part de la spiritualité concerne le « moi »,
découvrant qu'il n'est pas son histoire mais
« conscience impersonnelle ». Cela semble parfait,
pour un temps. Brusquement, il n'y a plus de pensées
tournant autour de ma vie, mon partenaire, mes
enfants, mes réussites et mes problèmes. Il y a le
silence, et « je fais l'expérience de cela ». Cependant tôt
ou tard cela devient un peu déplaisant, soit ennuyeux,
soit agité. Et l'attention quitte la conscience pour
revenir à l'histoire.

~

Le « moi » réalisant qu'il est en fait pure conscience est
toujours le « moi ». En un sens, c'est même vrai, mais
ce qui reste en fin de compte, c'est que « la conscience
est tout ce qui est », ce qui revient à dire « tout ce qui
est, c'est moi ». C'est merveilleusement personnel, et
merveilleusement arrogant.

Aussi longtemps que la méthode du retour à la conscience, encore et toujours, fonctionne, la personne se sent merveilleusement bien. C'est comme réussir sur la voie. Cependant, cela ne se fait ni librement, ni sans effort.

~

L'autre chose qui rend l'enseignement personnel attractif est qu'il s'adresse toujours et directement à la personne. C'est ce que la personne veut et apprécie en premier lieu : être vue, être reconnue comme étant présente, comme existante. C'est une autre méthode pour confirmer sa propre existence.

~

L'illusion « moi » suppose tout le temps être sur la voie menant à l'unité. « Je vais vers la réalité » est l'illusion qu'il y a quelqu'un qui est sur la voie menant à cette réalité.

L'éveil ne produit pas une personne éveillée.

~

Il n'y a jamais eu personne, et il n'y aura jamais
personne. Ca réveille.

~

Ce que le moi apparent cherche est une expérience.
Tout ce qui a de la valeur pour « moi » est une
expérience. La déclaration que l'unité est pour
personne est presque une insulte pour le « moi ». Tout
ce qu'il souhaite est faire l'expérience de sa propre
complétude. Pourtant il ne la fera jamais, parce que
c'est pour personne.

« Je fais l'expérience de quelque chose » est le rêve.

~

Ce que vous cherchez est une autre expérience :
l'expérience de voir à travers l'illusion.

~

La libération n'est pas la fin de la voie. C'est la fin de
celui qui suppose être quelqu'un sur la voie.

Tout arrive de soi-même – y compris vous.

~

La libération n'est pas ressentie de façon
impersonnelle. C'est simplement qu'il n'y a personne,
même si cela semble personnel. Même s'il semble y
avoir Andreas qui veut ceci ou cela, il n'y a personne
derrière.

~

Ce « je » qui veut « s'abandonner à Dieu » est une
illusion.

La mort de « je suis » est libération, parce qu'elle libère du sens de la réalité. Elle libère de cette pulsion névrotique qui n'existe que dans cette réalité artificielle de la recherche désespérée. Toutefois, la libération ne produit pas une entité libérée.

~

Tout ce que veut le « moi » c'est être là pour, avec un peu de chance, faire l'expérience de la plénitude un jour. Jusque là, la moindre des choses est de survivre. L'autre chose importante est de chercher.

~

La libération, c'est quand la vie vous lâche. Quand la vie en a assez de vous et de vos souffrances. Alors il s'avère qu'il n'y a jamais eu personne qui « tenait bon ».

La libération, ce n'est pas la conscience qu'il n'y a personne. Il n'y a simplement personne.

~

Chercher et faire l'investigation du « moi » semble apporter des prises de conscience, amener à des conclusions, permettre l'expérience de la clarté. Cela peut ressembler à une réussite qui conduit à autre chose. Mais en réalité c'est plutôt tourner en rond sans jamais trouver de vraies réponses. Ce n'est que tourbillonner dans une réalité rêvée.

~

Le moi apparent attend quelque chose : une arrivée, l'expérience de quelque chose qui se termine. Il suppose que la libération est une expérience de conscience du fait que quelque chose s'est terminé. Tout ça, c'est un truc du « moi ». Il n'y aura jamais l'expérience d'une fin.

Tout ce truc « d'union avec Dieu » est basé sur la supposition qu'il y a une entité séparée. Mais il n'y en a pas. Il y a déjà et seulement union.

~

Dans la libération, toute la construction de l'expérience se révèle être inexistante, mais elle n'est remplacée par rien.

~

Cette énergie d'absolu et de liberté est terriblement attirante pour le « moi ». Il la désire ardemment. Pourtant, plus il s'en approche, plus il se rend compte qu'il n'y survivra pas. C'est le dilemme.

Quand vous demandez « que dois-je faire ? », vous faites référence à quelqu'un qui est supposé être en route vers un but. Il n'existe rien de tel.

~

Le sens de l'effort fait partie de l'illusion.
Sans illusion, il n'y a pas d'effort.

~

« Simplement vivre » est déjà ce qui se produit. Il n'y a pas de « vous » qui devez ou même pouvez le faire.
Vivre consciemment, c'est l'illusion.

Vue par la personne, la libération est supposée être le
dépassement de la quête par la découverte de quelque
chose – puis le fait devenir une personne libérée.
Pourtant, il n'y a pas plus une personne qu'il n'y a
quelque chose qui puisse être trouvée.

~

Celui qui souffre est illusoire.
Personne ne souffre de rien.

~

Toute l'expérience de la présence
– moi et ma vie – est illusoire.

Vue depuis la perspective de la personne, la libération ressemble à la mort. C'est comme s'endormir le soir et ne pas se réveiller le lendemain matin. Pourtant, il n'y a déjà personne de réveillée. Le rêve commence quand vous faites l'expérience de vous réveiller, jusqu'à ce que cesse cette expérience apparente.

~

Le miracle est que « ce qui est » est naturellement entier et complet.

~

Faire l'expérience de … ne se produit pas.

Dès lors qu'il y a expérience de la présence,
il y a en quelque sorte une quête.

~

Il n'y a pas de réponse à cela.
Il n'y a de réponse à rien.
Qui pourrait savoir cela ?
Il n'y a personne.

~

Il n'y a aucun choix nulle part,
ou plutôt, tout est déjà choisi.

L'apparente personne veut lâcher prise pour être dans un état de lâcher prise, ce qui est supposé être plus agréable, d'une certaine façon. Or, lâcher prise, c'est mourir. C'est la mort de celui qui pense qu'il devrait lâcher prise. Et c'est la vie elle-même qui fait cela. Ce n'est ni un succès, ni quelque chose que quelqu'un fait.

~

Personne ne sait. Il n'y a personne pour savoir.

~

Il n'y a pas de « moi », et tous ces efforts pour travailler, transcender, investiguer, essayer de trouver ou de comprendre le « moi » sont futiles. Cela ne fait que garder cet apparent moi occupé à sa quête.

La seule chose qui fasse l'expérience de sa propre
existence est une illusion. Alors, qui pourrait bien
savoir quelque chose quant à exister ou non ?!

~

Il n'y a pas de mystérieux processus de création « en
dessous », « derrière » ou « au delà » de ce qui arrive.
Ce qui est, est incréé.

~

Vous ne pouvez mal faire. Ce qui se passe est
inévitablement soi-même. Rien ne peut être différent
de ce qui est.

Dans un enseignement, il y a toujours un but. C'est toujours à propos de quelque chose – quelque chose qui est bien ou qui a de la valeur, et quelque chose qui est faux ou négligeable. Cependant, il n'y a ni juste ni faux, ni quelque chose à réaliser ou quelque chose à éviter. Il n'y a pas de but du tout.

~

Il n'y a pas d'état. « Je suis » n'est pas un état qui existe. « Je ne suis pas » n'est pas un état qui existe. La libération n'est pas un état qui existe. Tout ceci n'est que supposition dans le rêve. Cependant, le rêve lui non plus n'est pas un état qui existe.

~

La liberté signifie qu'il n'y a rien qui restreigne « ce qui est ».

Il n'y a rien à trouver, et il n'y a rien à réaliser. Tout est déjà entièrement et totalement réalisé. Tout est déjà soi-même, sans qu'il y ait une réalité ou une vérité cachées.

~

Ce qui est, est inconditionnellement soi-même.

~

Vous ne pouvez atteindre la plénitude, tout simplement parce qu'il n'y a pas de « vous » qui en soit séparé. Vous ne pouvez atteindre ce qui semble se passer. C'est la plénitude.

Le fait qu'il y ait un ego qui puisse être annihilé fait partie du rêve personnel. Il n'y a rien de tel. Il n'y a ni un ego, ni une personne, ni l'illusion d'une personne.

~

La conscience de soi est un rêve. Il n'y a pas de soi conscient de lui-même, pas de conscience consciente d'elle-même.

~

Rien ne finit. Il n'y a de fin à rien, parce qu'il n'y a rien qui ait un commencement. Alors, attendre la fin d'une illusion, c'est attendre quelque chose qui n'arrivera jamais.

Il n'y a pas d'illusion en tant que telle.

~

L'existence n'est pas logique. Elle n'est pas logique parce qu'elle est apparente. L'hypothèse qu'il y ait une « existence » trouve sa place dans l'illusion de la conscience de soi, qui fait l'expérience de sa propre existence. Pourtant, il n'y a rien de tel que la conscience de soi.

~

Ce qui est – et si c'est – est inconnaissable. C'est inconnaissable parce que ce ne peut être l'objet d'aucune expérience.

Celui qui se perd est le perdant.
Celui qui se perd est pourtant aussi le gagnant.

~

Quoi que vous fassiez, quoi que vous soyez, c'est ce
qui se passe apparemment. C'est naturellement entier
et complet. Rien ne devient réalisé en cela, et rien ne
peut être perdu en cela.

~

Etre est ce qui se passe apparemment.

Il n'y a ni une réalité absolue cachée, ni un Dieu, ni une essence intérieure qui puissent être atteints ou trouvés. La libération est la perte de l'illusion qu'il y ait quelqu'un. Pourtant, l'expérience du rêve n'est pas remplacée par une autre expérience comme l'expérience d'un soi absent. Vous est le monde n'êtes pas deux. Vous et le monde n'êtes pas un. Vous et le monde n'êtes pas.

~

Il n'y a pas de prison, et il n'y a pas de libération. Tout est merveilleusement soi-même.

~

La supposition qu'il y a quelqu'un sur le chemin de la libération est le rêve. Il n'y a personne sur le chemin, et il n'y a rien de tel que la libération. Il n'y a rien à chercher, rien à trouver.

Rien n'est à gagner dans la vie. « La vie » est déjà
entière et complète ; cependant, l'expérience d'être
vivant et séparé est illusoire. Il n'y a pas de vie
personnelle. C'est pourquoi rien ne peut être atteint
dans cette vie supposée.

~

Qu'il y ait un rêve dont il faut s'éveiller est déjà le rêve.
« Etre comme cela est » est déjà ce qui se passe. Il n'y a
aucun pas à faire vers cela, aucune passerelle à
franchir.

~

En apparence, le corps semble faire des expériences ;
cependant, c'est simultanément vide et plein. Il n'y a ni
un vrai « je », ni une chose objet de l'expérience.

Il n'y a aucun pas à faire, pas d'illusion à détruire, pas de « moi » à supprimer. Toutes ces idées sont encore des suppositions qui sont nées de l'illusion – l'illusion qu'il y a quelqu'un.

~

L'idée et l'expérience d'être quelqu'un sur une voie ne sont rien d'autre qu'un rêve. Il se dissout dans l'infini sans être remplacé. Ni succès ni échec - cela fait partie de l'expérience de « moi », qui n'a aucune réalité.

~

Il n'y a pas de soi à réaliser.

Quand je parle de libération ou de liberté, je ne fais pas référence à quelque chose qui va se passer. Je ne fais pas référence à un aspect additionnel. La liberté est la réalité naturelle ; pour personne. La libération est l'effondrement de l'illusion qu'il y a quelqu'un qui n'est pas libre, et, finalement, l'effondrement de toutes les idées et de tous les concepts auxquels cette personne apparente se raccrochait.

~

Les chercheurs se détournent de la simplicité de « ce qui est », et vivent dans l'illusion que c'est là qu'ils doivent arriver. Ils entendent la simplicité du message, et en font quelque chose de difficile et de compliqué.

~

Personne n'est séparé, et il n'y a personne pour être éveillé ou non. Il n'y a personne qui ait à faire quelque chose. Et pourtant, faire peut apparemment se produire – ou pas.

Sur l'apparente voie, il semble y avoir beaucoup de révélations, de conclusions, de prises de conscience, de compréhensions, de connaissances – et à la fin, tout cela est inutile. Rien de cela ne met fin à l'expérience de la séparation.

~

Beaucoup de courants spirituels vous suggèrent de « simplement regarder », ou de « simplement être conscient », comme chemin hors de l'identification et de la souffrance qui semble l'accompagner. C'est faire la promotion d'un état dissocié, tout en prétendant à une connexion à la libération. Ce n'est pas du tout ce dont je parle. Il n'y a rien dont il faut se libérer. Aucune sensation ni émotion ne peut vous nuire. Rien ne peut vraiment vous blesser, simplement parce qu'il n'y a personne ni rien qui puisse être blessé. Tout est déjà complet.

Qui êtes vous ? Qui suis-je ? Impossible de trouver une réponse. Qui veut faire cette investigation ? Qui veut arriver à des conclusions, qui veut savoir ? « Moi » essaie de savoir quelque chose pour modifier son expérience. Pourtant, il n'y a personne. Le « moi » n'a aucune réalité.

~

La libération est la fin de l'expérience
d'être une entité séparée.

~

Vous ne pouvez quitter le rêve. La supposition qu'il y ait un rêve fait déjà partie du rêve.

C'est à la fois réel et irréel, vide et plein en même temps. Pas de chose apparaissant en tant que quelque chose, sans forme apparaissant en tant que forme. Mais ce ne sont que des mots ; ils ne veulent rien dire, ne se réfèrent à rien.

~

Parler est ce qui se passe en apparence ; mais c'est dénué de réalité et de signification. Cela peut sembler avoir un sens en apparence ; mais c'est un sens rêvé.

~

Il y a tant d'hypothèses dans le monde du « moi ». La plus importante est l'hypothèse que la vie a une finalité et un objectif supérieur, qu'il s'agisse de la paix dans le monde, de l'éveil ou seulement de « vivre une vie heureuse ». Toutes ces hypothèses viennent de la sensation d'exister.

L'illusion d'être un soi spirituel qui vit dans un corps physique détient un grand potentiel de souffrance : toutes ces histoires sur « moi », sur « moi et ma vie », sur « moi qui ne suis pas heureux » et tous ces trucs. Voilà l'apparente souffrance.

~

Ce qui se passe très ordinairement est total. Il n'y a rien de parallèle, rien de plus. C'est directement et sans compromission soi-même.

~

Quand l'énergie personnelle reflue en « ce qui est », il reste toujours un organisme conditionné et parfois névrotique. Beaucoup de conditionnement et de névroses se sont construits sur un besoin artificiel de protéger la personne artificielle. Il sont toujours en place et continuent de fonctionner. Ils tombent naturellement et de façon organique après quelque temps. Ce « temps » peut durer des années.

Il n'y a pas d'incarnation, il n'y a donc pas non plus de réincarnation. Rien ne nait, rien ne meurt.

~

Aussi longtemps qu'il y aura l'illusion d'être quelqu'un, il y aura effort. Pourtant l'effort est illusoire et ne mène nulle part. Il fait juste partie du rêve de « je suis ». La recherche s'effondre automatiquement avec « je suis ».

~

Le rêve est exactement cela : qu'il y a une personne qui peut consciemment agir selon sa propre volonté.

La libération est la mort de l'illusion qu'il y a un centre. Ce centre semble nourrir le fonctionnement de l'histoire personnelle en y prêtant attention. Quand cette illusion s'effondre, il n'y a plus d'attention pour nourrir l'histoire personnelle. Pourtant le personnage est toujours capable d'avoir les mêmes pensées qu'avant, c'est pourquoi cela produit les mêmes ressentis.

~

Avec un enseignement vient quelque chose que vous êtes sensé faire, et quelque chose de promis. C'est tourbillonner dans le rêve. Ce message n'affirme ni n'offre rien. Son effet secondaire peut être l'évidence qu'il n'y a aucun problème.

Prenez-le ou refusez-le ! Ce message ne laisse aucune place à discussions – non pas parce qu'il affirme être juste, mais parce qu'il n'y a vraiment aucune matière à discuter.

~

Il n'y a rien à chercher ni rien à trouver.

~

La libération, c'est la fin de la recherche sans que rien n'ait été trouvé. Rien n'a été trouvé. Rien n'a été vu de plus. C'est seulement la fin du chercheur.

Chaque enseignement s'adresse à une personne qui est supposée être capable de faire consciemment quelque chose et prendre position. Pourtant, il n'y a personne.

~

Il n'y a aucune échappatoire. L'idée qu'il devrait y en avoir une est le rêve.

~

Rester dans le « je suis » est futile. Le « je suis » se confirme lui-même, ce qui est l'unique intérêt de l'apparent soi.

La recherche fait partie du rêve de « je suis », et ne sort jamais de cette construction. Chercher confirme le « moi » dans son existence et ne sert apparemment que cette existence.

~

Dans la construction personnelle, l'emphase est posée sur l'expérience. Il peut y avoir un éveil d'un mode de pensée perturbant. Cela peut ressembler à un gain, comme si dans la vie il s'agissait de ça. Mais ce que la personne ne voit pas est que toute cette vie est illusoire.

~

La surprise est que quand arrive la « libération parfaite », il ne se passe rien. Cela veut simplement dire qu'il n'y a rien de tel qu'une « libération parfaite ». Tout est déjà parfaitement soi-même.

Découvrir qu'il n'y a pas de « je » ne tue pas le « je » - ni pour le chercheur spirituel qui a pratiqué « qui suis-je ? », ni pour le scientifique qui voit sur son ordinateur qu'il n'y a pas de « je ».

~

Ce n'est pas un processus qui pourrait être consciemment soutenu. Quiconque vous dit cela est de retour dans le jeu qu'il y a quelqu'un qui pourrait choisir entre juste et faux, quelqu'un qui devrait faire des efforts sur la voie. Cependant la libération est sans effort.

~

Dans toute religion, le message réel dégénère en une note de bas de page et est étouffé par les rituels, les pratiques et les traditions personnelles.

Si vous trouvez quelque chose de destructeur dans ce message, il s'agit d'une illusion. Ce vers quoi il pointe est la totalité elle-même. Il montre une guérison qui est déjà là.

~

Vous pouvez trouver ce message encore et encore dans l'histoire ; mais il n'est jamais venu d'une tradition. La personne apparente aimerait en faire une tradition, avec une voie et une connaissance spéciale – avec quelque chose que vous pouvez et devez faire. Pourtant, tout ce que ces messages essaient de dire est qu'il n'y a pas de « je » et rien à gagner.

Avec un enseignement, l'insistance est portée sur la voie et sur ce qu'il est bien de faire. L'insistance est portée sur ce que vous devez faire pour avancer.

Pourtant tous ceux que je vois communiquer ce message admettent qu'il n'y a pas de « je », qu'il n'y a rien de faux et rien à gagner. L'apparent moi ne veut pas entendre cela, c'est pourquoi il doit le combattre.

~

La libération est la mort simple et totale de l'illusion d'être quelqu'un. Jusque là, toute l'énergie tend vers le besoin et la survie – garder et maintenir votre vie. Après cette apparente mort, il y a un mouvement de lâcher prise. Au lieu de vouloir tout maintenir, l'énergie est libérée. A terme, après des mois et des années, cet apparent lâcher prise semble imprégner le corps et peut le nettoyer de ses traumas et de choses analogues. Mais ce n'est pas une loi. C'est juste ce qui apparemment se produit – ou pas.

Ce qui meurt est l'illusion qu'il y a un centre à l'intérieur, un centre à l'intérieur de ce corps que vous êtes, qui aurait besoin de tout maîtriser.

~

Libéré de la réalité et du sens, c'est gaiement et délicieusement léger, déchargé de tout souci de réalité et du besoin de trouver autre chose – mais pour personne.

~

La conscience et tous ces états qui semblent se produire dans la conscience ne sont pas réels. Il n'y a pas de conscience séparée qui est consciente d'un « ce qui arrive » séparé. L'effondrement apparent de cette construction ne laisse rien derrière lui qu'une blancheur apparente. Le vide plein pour personne.

Il semble que le trauma disparaît simplement quand il n'y a personne, du fait qu'il n'y a plus personne qui devrait être protégé. C'est comme si l'apparente illusion « moi » est constamment en train d'influencer et de renforcer le corps traumatisé par son expérience d'être ce corps.

~

Etre traumatisé est « cela », et être apparemment libéré du traumatisme est « cela » aussi.

~

La plénitude est la réalité naturelle, ce qui n'est rien d'autre que ce qui semble se produire. Il n'y a rien d'autre. C'est simple et complet et évident.

Toutes ces choses dont je semble parler – la conscience, la libération, la mort du « moi » - n'existent pas. Ce sont des mots vides.

~

Dans la libération personne n'est libéré, en prison personne n'est emprisonné.

~

La libération est la disparition de l'énergie de recherche, sans raison. Il ne reste rien d'autre que ce qui apparemment se passe.

Tout ce qu'il y a est amour. Cet amour est aveugle car il ne connaît autre chose que lui-même. En fait, il ne se connaît même pas. Il est juste lui-même.

~

Il n'y a pas d'accomplissement personnel. Cela ne peut être, simplement parce qu'il n'y a personne. Poser des questions est déjà « cela » ; mais il n'y a aucun accomplissement à attendre des réponses obtenues.

~

Toute cette vie est illusoire.

Il n'y a pas de création,
et il n'y a pas d'illusion de création.

~

L'illusion est qu'il y a quelqu'un confronté à un monde réel. Tout est simplement soi-même – aveuglément, entièrement – sans instance distincte extérieure à cela.

~

Les problèmes sont ce qui arrive, apparemment. Ils sont aussi entiers et complets que tout le reste. Mais il n'y a personne qui les ait.

Rien ne prétend être autre chose que ce qu'il est. Aucune pensée, aucune sensation, aucun arbre, aucun nuage, aucun atome n'essaie d'être différent de ce qu'il est. Rien ne peut être différent de ce qu'il est. En ce sens, tout est soi-même, en toute impuissance. Rien n'est libre, rien n'est emprisonné.

~

Ce que la personne recherche est une expérience de plénitude. « Comment puis-je être conscient de la plénitude ? Comment la plénitude peut-elle être mienne ? » Oubliez ça – « je suis conscient de » est le rêve !

~

Il n'y a pas de plénitude séparée de « ce qui apparemment arrive ». Ce qui apparemment arrive est rien, et c'est naturellement entier et complet.

L'expérience « je suis ici maintenant » invente
apparemment l'expérience du temps et de l'espace.
C'est ce premier « ici » qui crée un « là bas », et c'est ce
premier « maintenant » qui crée un « plus tard ».
Cependant, il n'y a rien qui soit présent séparément à
un moment donné.

~

L'intemporalité ne peut être expérimentée. Il n'y a
simplement pas de temps.

~

Il n'y a pas de « moi » dès le départ. Il n'y a pas
d'illusion à découvrir et à anéantir. Ce qui semble se
passer – pensées, sensations, tout ce que vous faites –
est déjà entier et complet. Oui, rien n'est fait. Et oui,
pour et par personne.

Le moi apparent peut se fondre dans l'entièreté à chaque instant – apparemment. Cette fusion apparente est la même chose que le fait qu'il s'avère qu'il n'y a déjà pas de « moi » pour fusionner.

~

Lire ces lignes n'a pas à être bon, ni saint, ni divin. Cela n'a même pas à s'expérimenter soi-même. C'est la liberté qui est déjà.

~

L'idée qu'il y a quelqu'un qui peut s'éveiller à une supposée vraie réalité est le rêve. Il n'y a personne d'endormi, et personne ne se réveillera.

La conscience est une fonction apparente. Elle est aussi entière et complète qu'elle est vide et dénuée de sens. Ce n'est ni « ce que je suis en vérité » ni quelque chose qu'on peut faire ou pas.

~

Chercher dans la conscience est comme chercher la totalité dans quelque chose qui n'est qu'une partie. La totalité ne peut être vraiment trouvée puisqu'elle est tout. Qui pourrait donc trouver tout, et où ?!

~

Tout ce qu'a le « moi » est son existence – il consiste en cela. Et c'est exactement cette existence qui doit être gonflée artificiellement en signification et en grandeur pour lui donner de la valeur.

Vous ne pouvez pas prendre parti. « Est-ce réel ou est-ce irréel ? » - pour répondre à cette question, vous auriez déjà besoin de quelqu'un pour regarder. Mais ce quelqu'un n'existe pas. Même l'existence de l'existence ne peut être sue ou observée. Qui et où pourrait être ce point de vue absolu d'où conclure quoi que ce soit ?

~

Il n'y a pas de secrète réalité cachée. Il n'y a pas de Dieu à trouver. Il n'y a pas de niveau absolu sous ou dans n'importe quelle chose. Tout est simplement et pleinement soi-même. Vu depuis la perspective de la personne, ce message peut sembler mystérieux et comme « venant de loin ». Et pourtant ce n'est absolument pas le cas. Apparemment, il pointe vers l'extrême simplicité qui est déjà là. Elle n'a ni besoin qu'on pointe vers elle, pas plus qu'elle n'a besoin de quelque autre voie de réalisation.

Ni présence ni absence ne sont expérimentées.

~

L'unité ne peut être vue. Elle ne peut être connue. Il n'y a pas d'éveil dans le sens d'une autre expérience.

~

Fierté et culpabilité ne sont que des histoires. Elles n'existent que dans la supposition qu'il y a un acteur séparé. En ce sens, il peut y avoir de la joie ou de la tristesse, mais sans l'idée qu'il y ait quelqu'un qui en soit responsable.

L'apparente personne semble vivre dans l'attention et la concentration. Cette attention semble découler d'une expérience de présence et se diriger vers l'extérieur. Ce qui est dit ici, c'est que toute cette construction est irréelle.

~

Vraisemblablement, rien dans cet univers apparent n'a de sens de l'existence. Pas un nuage, pas un arbre, pas une sensation, pas même le corps n'a ce sens. C'est juste le centre supposé qui fait l'expérience de soi-même comme existant. Ce n'est ni bien ni mal ; mais ce n'est pas réel. En ce sens, il n'y a rien qui connaisse l'existence d'une entité appelée « moi ». C'est seulement « moi » qui vit dans l'illusion d'exister et d'avoir un sens.

Expérimenter, c'est savoir – le savoir apparent que je suis quelque chose qui expérimente autre chose. En fait, ne pas savoir signifie ne pas expérimenter - ni un soi ni autre chose, ni un « ici » ni un « là-bas ».

~

Quand il n'y a personne, il n'y ni quelqu'un enfermé par ce arrive, ni quelqu'un libéré de ce qui arrive.

~

La promesse qu'il y a une perspective qui amène à la complétude est simplement une partie du rêve, qu'il s'agisse de l'observateur ou du créateur, de gratitude ou d'autre chose. Vous ne pouvez vous reposer sur rien ni nulle part.

« Je suis conscient de » est ce qui se passe en apparence ; mais il n'y a pas de « je » en ça qui en est conscient.

~

La libération ne dépend pas de votre capitulation. C'est l'unité qui « vous » capitule ! Ce qui veut dire qu'elle vous tue. Et par cela il devient évident qu'il n'y a jamais eu quelqu'un à tuer ; personne de maintenu séparé qui devait être libéré. Il n'y a jamais eu séparation.

~

Les enseignements personnels proposent un état qui promet le salut et la plénitude. Vous n'avez qu'à apprendre à y aller, ou à savoir cela. Le « problème » est qu'il n'y a ni « vous », ni salut ni plénitude personnels.

Il n'y a pas d'amour inconditionnel que vous pourriez devenir consciemment. Toute cette construction de l'expérience n'est pas quelque chose qui existe.

~

Rien n'a de réel contenu. La personne suppose qu'il y quelque chose dans les choses – une signification, un sens, une valeur. Elle suppose qu'il y a quelque chose à gagner des choses – quelque chose qu'on pourrait ajouter à sa dose personnelle de paix. Cependant, tout est vide. Etant déjà tout, tout est naturellement vide.

~

Vu depuis la perspective de l'apparent « moi », « moi et ma conscience » est ce qu'il y a de plus important.

La seule possibilité du « moi » est de se sentir incomplet. C'est pourquoi il cherche.

~

La supposition qu'il existe quelque chose appelée conscience éternelle vient d'une expérience personnelle. Dans l'expérience de la personne, cette conscience semble être toujours là. Quand l'apparent soi se reconnaît lui-même être seulement conscience, il conclut que tout ce qui est, est conscience éternelle. Ce n'est rien d'autre que de dire « tout ce qui est, c'est moi ».

~

Il n'y a pas d'enseignement.

La quête de la paix personnelle ou du vrai bonheur fait partie de l'illusion d'être séparé. Il n'y a rien de tel. Il n'y a pas de vrai bonheur qui pourrait être expérimenté ou connu.

~

Vous voulez une autre expérience, dans laquelle il n'y aura plus ce stress de la vie. Vous cherchez à devenir une personne libérée.

~

Il n'y a pas de choses qui aient une existence séparée. Apparemment, tout est indivisé en étant exactement tel que c'est. C'est à la fois réel et irréel.

Rien n'arrive à sa fin. Rien n'a jamais commencé à exister et rien ne cessera jamais d'exister. Bien sûr cela s'applique aussi à l'expérience de la recherche. Il n'y a jamais eu de chercheur, il n'y a aucunement un chercheur, et il n'y aura jamais trouver ou voir. C'était juste ce qui apparemment se passait.

~

L'expérience d'être présent semble être naturellement insatisfaisante. Heureusement, elle n'existe pas.

~

Il n'y a personne pour faire bien ou mal. Il n'y a pas de voie sur laquelle cheminer, pas de marches à gravir. Apparemment tout arrive de soi-même.

Reconnaître apparemment arrive ; mais ce n'est pas réel. Il n'y a personne qui reconnaisse quoi que ce soit. En ce sens, toute reconnaissance est vide et dénuée de sens, ou plutôt : dans la reconnaissance, rien n'est reconnu.

~

Il n'y a pas de tentative,
pas de mouvement, pas de devenir.

~

L'expérience de la séparation n'est pas remplacée par une expérience d'unité. Arbres, pensées, sensations, pièces ne sont pas expérimentés, sont naturellement et aveuglément complets, simplement parce que rien n'est séparé.

Décrire l'absence est impossible. C'est impossible parce qu'il n'est personne pour en faire l'expérience.

~

L'apparente personne essaie d'utiliser tout ce dont elle fait l'expérience. Elle veut utiliser les pensées pour arriver à la plénitude. Elle veut utiliser les sentiments, les partenaires, le travail et les prises de conscience dans le but d'en gagner quelque chose. Cependant, il n'y a personne, ni rien qui soit expérimenté. Vous savez, c'est vide. Tout est à la fois vide et plein. C'est pourquoi c'est inutile.

~

Vous ne pouvez savoir comment c'est vraiment, simplement parce qu'il n'y a pas de « comment c'est vraiment ». « Ce qui est » n'est pas quelque chose qui peut être connu. D'une certaine façon, ce n'est pas quelque chose qui est.

La mort de la petite vie ne laisse derrière elle que la vivance – sans prétention et dépouillée.

~

Rien n'a besoin de trouver le vrai bonheur puisque tout est déjà bonheur par soi-même. Rien ne doute de soi, rien ne se retient et rien n'essaie de s'exprimer. Tout est soi-même – sans le savoir ; de manière transconsciente, pour ainsi dire.

~

Il n'y a pas de centre dans le corps depuis lequel la vie se déroule.

L'illusion qu'il y a une vraie personne est ce qui se passe apparemment. Mais ce n'est pas réel, pas plus qu'il n'y a de vraie personne derrière tout ça.

~

Dans la libération il n'y a rien à gagner. Il n'y a rien à gagner du tout. C'est ça la liberté.

~

Il n'y a rien à faire, rien à ne pas faire. Il n'y a pas de pas à accomplir, pas d'endroit où rester. Il n'y a personne sur une voie, personne qui doive se reposer. Tout ce qui est, est ce qui apparemment arrive – hors temps, hors espace, aveugle et entier.

L'apparent moi met toute son énergie à atteindre l'accomplissement de tous ses désirs. Quand il n'y a personne, toutes les pensées et sentiments autour de cette recherche s'effondrent.

~

En apparence, la personne cherche des réponses, particulièrement des réponses simples. C'est pourquoi elle se sent poussée vers le populisme – populisme politique, populisme économique, populisme spirituel. Elle aimerait savoir « qu'il n'y a personne ». Mais il n'y a pas de réponses, ni des compliquées, ni des simples.

~

« Qu'est ce qu'il y a là ? Y a-t-il quelque chose ? » - qui pourrait le savoir ?! Il n'y a rien qui pourrait regarder.

Etre « moi » veut dire chercher. On ne peut séparer
« moi » de la recherche. Il n'y a pas de « moi » qui ait
trouvé. Et même lorsqu'il n'y a pratiquement pas de
recherche consciente, il y a de l'attente, une
supposition qu'il y a quelque chose qui serait
réellement « cela ».

~

Il n'y a personne pour faire
ou ne pas faire quoi que ce soit.

~

Il n'y a pas de dualité en tant que telle. C'est cela qui
fait l'expérience de soi comme « la première chose » -
« je suis » - qui semble créer la dualité. En disant « je
suis moi », elle se sépare en apparence de tout le reste
– et crée le deux. Sans cela, il n'y a ni dualité, ni non-
dualité.

« Ce qui est » est illogique. Ce n'est rien d'autre que ce qui apparemment arrive.

~

Faire l'expérience de soi en tant que « moi » signifie faire l'expérience de soi comme étant présent, vivant de façon autonome avec la possibilité d'actions conscientes. Mais il n'y a personne.

La recherche, c'est l'investigation de la personne dans ce qu'elle vit pour trouver quelque chose. Ce qui est drôle, c'est que toute investigation finit par « moi ». Vue par le « moi », toute réponse à la recherche est « moi ». La fin peut être de dire que tout ce qui est, est « moi » - « je suis est tout ce qui est », « tout ce qui est est conscience ». Ou la fin peut être de dire qu'il faut devenir ou faire quelque chose – être plus présent, devenir absent, faire plus, faire moins. Mais c'est toujours « moi » qui est sensé faire tout ça.

~

« Tout ce qui est, est cela » ne se réfère pas à tout ce qui est expérimenté ou connu. Faire l'expérience de… n'est pas réel. « Tout ce qui est, est cela » est sans limite et inconnu, ni ici ni là ; mais ce dont nous parlons est exactement ce qui apparemment arrive. Il n'y a pas de secret caché ni d'invisible essence mystérieuse.

Avec l'apparente libération, les vieux traumatismes et les comportements malsains ont tendance à disparaître. La personne que les traumas essaient de protéger n'existe plus, ils peuvent donc lentement et doucement se relâcher et disparaître. Cela semble se faire de façon organique et tout à fait normale. Mais ce n'est ni prévisible ni nécessaire. Quand il n'y a personne, rien n'a besoin de disparaître. Donc, si cela se produit, c'est de manière libre et sauvage et non comme le résultat d'un travail conscient sur la personnalité.

~

Tout ce que connaît le « moi » est lui-même et la réalité artificielle de l'expérience. C'est ce en quoi consiste le « moi » : l'expérience de la présence et de l'existence en tant que et depuis un point de vue séparé.

La supposition qu'il y a un rêve est déjà le rêve. Le rêve est un concept dualiste.

~

En apparence, « je fais l'expérience de quelque chose » est la réalité séparée. C'est exactement ce qui semble séparer en parties ce qui est en fait « pas de chose ». Après coup, ce « je » essaie de donner du sens à ces parties – parties qui ne sont jamais séparées. C'est ainsi que l'apparente personne semble inventer histoire après histoire pour donner du sens à toutes ces parties dont elle croit faire l'expérience.

~

Il n'y a pas de réponse à l'existence, parce qu'il n'y a pas de questions quant à l'existence. L'existence en tant que telle n'est pas réelle. Et de toutes façons, il n'y a rien de distinct à demander du tout.

En apparence, il peut y avoir conscience, pendant un temps, sans histoire. Mais tôt ou tard l'attention retourne dans quelque histoire. Rester en tant que conscience devient ennuyeux à la longue ; c'est alors que vous voulez revenir à votre histoire.

~

Dans un sens non-duel supposé, « rester tranquille » voudrait dire « rester comme avant d'être né ». Mais il n'est pas de « moi » avant l'apparente apparition de l'illusion « moi » qui pourrait empêcher cela d'arriver.

~

La supposition qu'il y a quelqu'un qui doit consciemment trouver son chemin dans un monde fait de parties séparées – ma vie, mon travail, ma famille, mes pensées, mes sentiments – est le rêve. Il n'y a ni une personne, ni un monde séparé où trouver son chemin.

La naissance de « moi », c'est comme se réveiller le matin : personne ne le fait. Il n'y a simplement personne avant que n'arrive le réveil qui pourrait l'empêcher. Mais en fait c'est cette expérience de « se réveiller » qui est illusoire.

~

Il n'y a rien à éliminer. Rien n'est né il y a quarante ans, rien ne s'est réveillé ce matin, rien n'est ici maintenant, rien ne va aller dormir, et rien ne va mourir.

~

Il est impossible de décrire comment c'est d'être éveillé sans quelqu'un qui soit éveillé. En fait, c'est même inimaginable. Pour pouvoir imaginer quelque chose, il faut déjà quelqu'un pour imaginer. C'est pourquoi l'absence est un angle mort même dans l'imagination.

Rien de vrai ne peut être dit. Il n'y a rien de vrai qui arrive, à propos de quoi quelqu'un pourrait dire quelque chose de vrai. La réalité déjà n'existe pas.

~

L'illusion d'être une personne n'est pas réelle non plus. Tout ce qui est, est ce qui apparemment arrive – exactement comme c'est. Il n'y a d'illusion nulle part.

~

La libération n'est pas de découvrir qu'il n'y a pas d'avantage. Ce n'est pas de découvrir qu'il n'y a pas de « vous ». C'est l'effondrement complet de cette construction.

Quand il y a une énergie de recherche, il y a
l'investigation d'une question pour faire l'expérience
d'un soulagement en trouvant la réponse. Le moi
apparent pense que ce moment de soulagement est
quelque chose de réel et en quelque sorte permanent –
et qu'alors il a fait un autre pas vers son but
d'accomplissement personnel. Mais c'est cela le rêve.

~

Toute votre existence n'est rien d'autre qu'un rêve – et
il n'y a rien de bien ou de mal en cela.

~

La libération, c'est la dissolution de l'illusion que la vie
signifie faire l'expérience de quelque chose.

Il semble y avoir la possibilité apparente d'une compréhension instantanée ou d'une évidence de ce qui est dit ici. Ce n'est même pas quelque chose de réel ; mais le moi apparent pourrait mourir dans cette évidence.

~

« Ce qui est » ne fait pas l'expérience de soi en tant que quelque chose qui est. La soi-disant existence est aveugle à elle-même. Elle est simplement. Et n'est pas.

~

Il n'y a rien de mal en quoi que ce soit.

Personne n'est endormi, et personne ne va se réveiller.

~

Tout est et n'est pas,
est vivant et mort,
est vide et plein.

~

Il n'y a personne à trouver ou à transcender. Personne
n'est en prison, personne n'a besoin d'être libéré.

A la fin, il ne se passe rien.
A la fin, rien ne change,
et rien n'avait besoin de changer.
Tout n'était qu'illusion.

~

C'est « cela ».

À propos d'Andreas Müller

Andreas est né en 1979 à Ludwigsburg, dans le sud de l'Allemagne. Après des années de recherche en spiritualité, il a rencontré Tony Parsons en 2009.

"Tout d'abord, j'ai été choqué. Même si j'avais déjà connu et expérimenté beaucoup de choses, c'était quelque chose de nouveau et d'inattendu. Soudain, sans raison, j'ai entendu ce que Tony disait, et bientôt, c'était indéniable :
Il n'y a personne."

Depuis 2011, Andreas organise des conférences et des intensives dans le monde entier.

www.thetimelesswonder.com

Remerciements

Merci à Suzanne pour la traduction!

Tony & Claire Parsons

My family